Une lumière magnifique

Traduit du japonais par Corinne Atlan

Titre de l'édition originale : « Mitsuketayo »
(Gakken E-mirai Co., Ltd., Tokyo, Japon, 2020)
Édition française publiée en accord avec Gakken Inc. par Akiko Champseit
Loi numéro 49 956 du 16 juillet 1949 sur les publications
destinées à la jeunesse : juin 2024
Dépôt légal : juin 2024
Imprimé en France par SEPEC à Péronnas - 22987231201
ISBN : 978-2-211-33395-5

Kumiko Yamamoto

Une lumière magnifique

l'école des loisirs
11, rue de Sèvres, Paris 6e

Cette nuit, Renardeau a entendu de drôles
de bruits au fond de la forêt.
Pschitt pschitt pschitt…
Il s’est approché en silence, et a découvert
une chose magnifique, qui brillait très fort.
« Whouaah, comme c’est beau ! »

Le lendemain, Renardeau repense à cette chose
magnifique qu'il a vue la nuit précédente.
Il demande à son amie l'abeille :
« Est-ce que tu connais quelque chose de très
lumineux, très brillant et très beau ? »
« Oui. Tu tombes bien, regarde, ça va commencer ! »

Un monsieur vient d'arriver pour arroser les fleurs de tournesol. Les gouttes d'eau brillent et étincellent sous le soleil du matin…
« Hum, c'est joli, mais ce n'est pas tout à fait ça », dit Renardeau.

Il demande alors à l'hirondelle :
« Connais-tu quelque chose
de très lumineux, très brillant et très beau ? »
« Bien sûr. Viens voir par ici. »

Renardeau suit l'hirondelle, qui le conduit
jusqu'à la piscine. Les reflets du soleil
font scintiller l'eau…
« Hum, c'est très joli, mais ce n'est pas ça non plus. »

Renardeau continue de chercher toute la journée.
À la nuit tombée, il fait une pause au bord de la rivière.
Soudain, il voit briller plein de lumières dans le noir…
« Ah, c'est peut-être ça ! »
Mais non : c'est trop petit et ça ne fait pas de bruit.
La grenouille lui dit en riant : « Ce sont des lucioles ! »

Attiré par une grosse lumière au loin,
Renardeau s'approche d'une maison.
Toutes sortes d'insectes tourbillonnent autour d'une lampe.
Il entend l'estomac du gecko gargouiller.
« Ce n'est pas ça non plus », dit-il tristement.

Le chat s'avance, il voudrait bien attraper le gecko.
Renardeau en profite pour lui demander :
« Euh… Je cherche quelque chose de très lumineux,
très brillant et très beau. »
« Je sais où c'est, suis-moi ! »

やきそば
ランクフルト

C'est une fête foraine. Des voix joyeuses résonnent.
Et des lanternes éclairent la rue d'une douce lumière rouge.
« Non, décidément, ce n'est toujours pas ça... »

Renardeau a beaucoup marché et il est fatigué.
Il retourne auprès de sa maman.
« As-tu trouvé ce que tu cherchais, mon chéri ? »
« Non. Mais tout le monde m'a montré
de belles choses brillantes et lumineuses. »
À ce moment précis, un énorme bruit de tonnerre
retentit juste derrière eux.

Boum !
Boum !

Bang!
Bang!
Bang!

« Oh, ça y est, enfin ! J'ai retrouvé les magnifiques lumières,
et elles sont encore plus grandes que celles d'hier ! »
« Quelle chance ! Bonne nuit, mon Renardeau.
Fais de beaux rêves… »